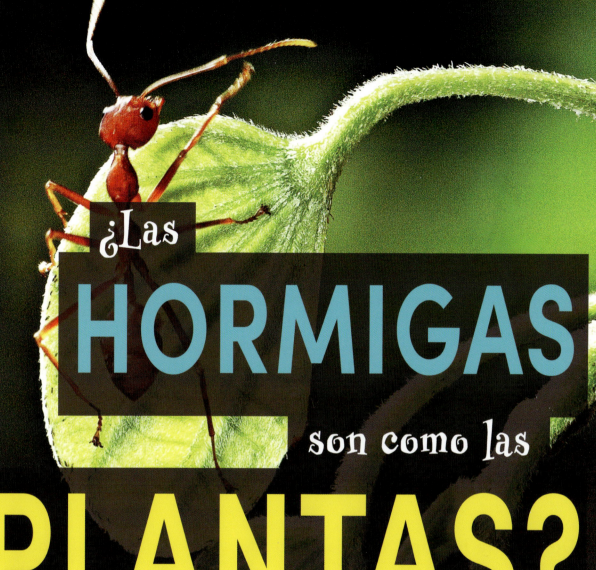

¿Las HORMIGAS son como las PLANTAS?

SÚPER CIENCIAS

SUE HEAVENRICH
Y PABLO DE LA VEGA

CONEXIONES de la ESCUELA a la CASA DE ROURKE

ANTES Y DURANTE LAS ACTIVIDADES DE LECTURA

Antes de la lectura: *Desarrollo del conocimiento del contexto y el vocabulario*

Construir el conocimiento del contexto puede ayudar a los niños a procesar la nueva información y a usar la que ya conocen. Antes de leer un libro es importante utilizar lo que ya saben los niños acerca del tema. Esto los ayudará a desarrollar su vocabulario e incrementar su comprensión de la lectura.

Preguntas y actividades para desarrollar el conocimiento del contexto:

1. Ve la portada del libro y lee el título. ¿De qué crees que trata este libro?
2. ¿Qué sabes de este tema?
3. Hojea el libro y echa un vistazo a las páginas. Ve el índice, las fotografías, los pies de foto y las palabras en negritas. ¿Estas características del texto te dan información o te ayudan a hacer predicciones acerca de lo que leerás en este libro?

Vocabulario: *El vocabulario es la clave para la comprensión de la lectura*

Use las siguientes instrucciones para iniciar una conversación acerca de cada palabra.

- Lee las palabras del vocabulario.
- ¿Qué te viene a la mente cuando ves cada palabra?
- ¿Qué crees que significa cada palabra?

Palabras del vocabulario:
- cosechan
- dióxido de carbono
- larvas
- perciben
- polen
- puntos de referencia
- pupas
- zarcillos

Durante la lectura: *Leer para entender y conocer los significados*

Para lograr una profunda comprensión de un libro se anima a los niños a que usen estrategias de lectura detallada. Durante la lectura, es importante hacer que los niños se detengan y establezcan conexiones. Esas conexiones darán como resultado un análisis y entendimiento más profundo de un libro.

Lectura detallada de un texto

Durante la lectura, pida a los niños que se detengan y hablen acerca de lo siguiente:

- Partes que sean confusas.
- Palabras que no conozcan.
- Conexiones texto a texto, texto a ti mismo, texto al mundo.
- La idea principal de cada capítulo o encabezado.

Anime a los niños a usar las pistas del contexto para determinar el significado de las palabras que no conozcan. Estas estrategias los ayudarán a aprender a analizar el texto más minuciosamente mientras leen.

Cuando termine de leer este libro, vaya a la penúltima página para ver las **Preguntas relacionadas con el contenido** y una **Actividad de extensión**.

ÍNDICE

¿HORMIGA O PLANTA?......................4
¡ALIMÉNTAME!............................7
CRECIENDO FUERTES......................11
ESCUELA DE SUPERVIVENCIA...............17
ACTIVIDAD..............................21
GLOSARIO...............................22
ÍNDICE ALFABÉTICO......................23
PREGUNTAS RELACIONADAS CON EL CONTENIDO..23
ACTIVIDAD DE EXTENSIÓN.................23
ACERCA DE LA AUTORA....................24

¿HORMIGA O PLANTA?

La hormigas no se parecen a las plantas. El cuerpo de las hormigas se divide en tres partes principales: cabeza, tórax y abdomen. Tienen un par de antenas, seis patas y pueden escapar por donde sea.

CABEZA

TÓRAX

ABDOMEN

Plantas grandes y pequeñas
Algunas plantas son más pequeñas que un grano de arroz. La planta más grande es un árbol llamado secoya que puede llegar a medir 300 pies (91 metros) o más de altura.

Las plantas tienen agujas o tallos y hojas. Algunas tienen flores. No parece que se muevan, pero sus hojas se giran hacia el Sol. Las flores se abren y se cierran. Los **zarcillos** crecen y las enredaderas trepan en los árboles.

No se parecen, pero hormigas y plantas son similares de muchas maneras. Como todos los seres vivos, necesitan comida y agua, respiran y necesitan crecer y reproducirse. Las plantas y las hormigas **perciben** el ambiente y responden a él.

¡ALIMÉNTAME!

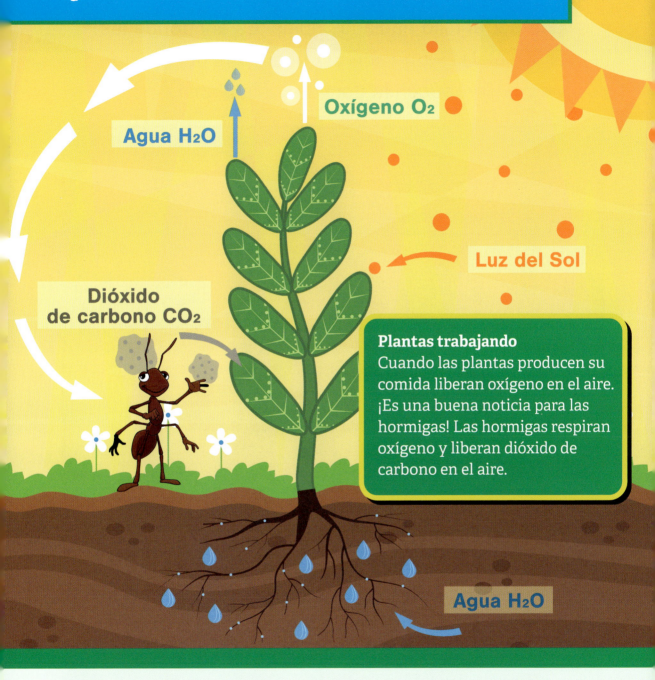

Cuando tienes hambre vas a la nevera, en cambio las plantas deben producir su propia comida. Todo lo que necesitan es luz del Sol, agua, **dióxido de carbono** y clorofila.

7

La clorofila hace que las hojas sean verdes y atrapa la energía del Sol. El agua es absorbida por las raíces y llevada por el tallo hacia las hojas. Es ahí donde las células vegetales —que son tan pequeñas que no las puedes ver— producen la comida de la planta.

clorofila

Las hormigas son animales y no pueden producir su propia comida. Por ello, deben encontrarla y llevarla al hormiguero. Las hormigas recolectan semillas, néctar o jugos de frutas. Algunas **cosechan** el néctar que producen los insectos que se alimentan de savia. Otras comen escarabajos muertos, orugas y la carne de animales muertos. ¡Algunas incluso se comen a otras hormigas!

¡Algunas plantas comen hormigas!
Las plantas odres tienen orificios grandes en forma de embudo. Las hormigas se resbalan y caen en un líquido espeso en el que son digeridas. ¡Ñam!

Las hormigas toman agua de gotas de lluvia o de charcos. Algunas hormigas colocan plumas cerca de la entrada del hormiguero para atrapar el rocío.

CRECIENDO FUERTES

La vida de las hormigas comienza desde que son huevecillos blancos y brillantes no más grandes que un grano de arena. Es al crecer cuando se vuelven fuertes. Al eclosionar en **larvas**, no tienen ojos ni piernas, pero tienen boca. Y comen todo el tiempo.

larvas

Las hormigas levantan cosas pesadas
Si fueras tan fuerte como una hormiga, ¡podrías cargar una máquina expendedora! Las hormigas pueden cargar de diez a cincuenta veces su peso.

Cuando alcanzan el tamaño adecuado, las hormigas se transforman en **pupas**. Algunas forman un capullo. Al final emergen siendo adultas. La mayoría son obreras y todas las obreras son hembras. Recogen comida, cavan túneles, cuidan de las larvas y de la reina.

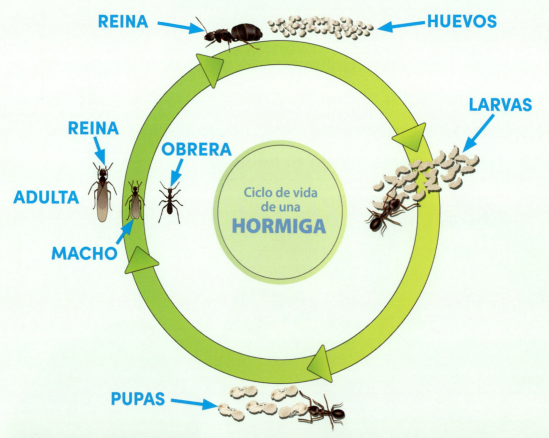

Las larvas y las pupas de hormigas en diferentes etapas de crecimiento.

Las hormigas reinas hacen solo una cosa: ponen huevos. Algunos huevos producen reinas nuevas que volarán lejos y encontrarán una pareja para iniciar una colonia nueva. Hay algunas hormigas macho. No trabajan para ayudar a la colonia. Su único trabajo es aparearse con las nuevas reinas.

Cambiando el paisaje
Las pequeñas hormigas cosechadoras pueden cambiar el aspecto de un lugar. Al escoger las semillas que recolectarán, determinan cómo y dónde crecen ciertas plantas.

Las semillas parecen tranquilas, pero son ambiciosas. Dales tierra, agua y calor y se hincharán y crecerán. Mandarán raíces profundas a la tierra. Las raíces absorberán minerales y agua y anclarán las plantas al suelo.

Plantas que van al gimnasio
Las plantas son fuertes. Una calabaza llegó a pesar 5,000 libras (2,268 kilos) sin romperse. ¡Es el equivalente a que tú pudieras levantar un auto!

Los tallos crecen hacia la luz del Sol. Las hojas se despliegan y comienzan a producir comida. Las flores se abren y el viento, las abejas u otros animales llevan el **polen** de una flor a otra. Ahora las plantas están listas para producir sus propias semillas.

Las plantas que crecen muy cerca unas de otras deben luchar por el agua y la luz del Sol. Por ello, las plantas encuentran mecanismos para esparcir sus semillas.

Consejos de viaje para las semillas:

Flota con el viento	diente de león
Que alguien te lleve	zoocoria
Navega por el mar	coco
¡Explota!	lupinus

ESCUELA DE SUPERVIVENCIA

Las hormigas cuando son atacadas se defienden mordiendo y picando. Las hormigas producen un químico que avisa a las demás hormigas que deben pelear. Algunas hormigas usan sus grandes cabezas para bloquear la entrada del hormiguero. Otras hormigas explotan cubriendo al enemigo con un desagradable líquido pegajoso y amarillo.

¿Hay hormigas en tus plantas?
Hay hormigas que viven en las espinas huecas de las acacias. Para agradecer al árbol, las hormigas alejan a otros insectos. También cortan las hojas de las plantas que tocan la acacia.

¡Cuidado, comedores de plantas! Estas ortigas verdes están cubiertas de vellos filosos como agujas y llenos de químicos.

Las plantas no pueden huir de sus enemigos. Algunas tienen una corteza o un recubrimiento ceroso para protegerse. Otras usan sus púas y espinas. Algunas plantas son venenosas y cuando una oruga las come, mandan una advertencia. Las demás plantas reciben el mensaje ¡y hacen que sus hojas se vuelvan más amargas!

Cuando las hormigas salen por comida necesitan asegurarse de que encontrarán el camino a casa. Algunas hormigas usan sus antenas para seguir rastros químicos que las lleven de regreso al hormiguero. Otras usan **puntos de referencia** o usan el Sol como si fuera una brújula.

Hormigas matemáticas

Algunas hormigas pueden contar. Calculan el número de pasos que necesitan para regresar al hormiguero.

Las plantas usan sus hojas y tallos para sentir la luz, las hormigas usan sus ojos. Las plantas tienen raíces, las hormigas tienen patas. A veces pensamos que las plantas y los animales no tienen nada en común, pero como nosotros, todas necesitan comida, agua y un lugar seguro donde vivir.

ACTIVIDAD

Haz un laberinto de plantas en una caja de zapatos

Las plantas crecen hacia la luz. ¿Pero pueden usar su sentido luminoso para crecer dentro de una laberinto en una caja?

Qué necesitas
- semillas de frijol (como las habas o los ayocotes)
- mucho cartón
- cinta adhesiva protectora (masking tape)
- vaso de plástico
- tierra para macetas
- caja de zapatos con su tapa
- agua en una botella con atomizador

Instrucciones

1. Coloca la tierra para macetas en el vaso de plástico. Luego, entierra un frijol a alrededor de una pulgada (2.5 centímetros) de profundidad.

2. Rocía con agua hasta que la tierra esté húmeda. Coloca el vaso en un lugar soleado y mantén la tierra húmeda para que el frijol brote. Esto puede tardar algunos días.

3. Mientras esperas, prepara tu laberinto. Comienza recortando un hoyo grande en un extremo de la caja de zapatos. Por ahí entrará la luz al laberinto.

4. Corta dos piezas de cartón que tengan la misma altura de la caja de zapatos y la mitad de su anchura.

5. Pega con la cinta uno de los pedazos de cartón dentro del lado izquierdo de la caja, a alrededor de un tercio de la distancia total desde el agujero hasta el otro extremo. Pega el otro pedazo de cartón del lado derecho de la caja a alrededor de dos tercios de la distancia total desde el agujero hasta el otro extremo.

6. Cuando tu planta tenga un par de hojas, colócala en el laberinto lo más lejos posible del agujero. Rocíala con agua. Si es necesario, coloca el vaso de lado.

7. Cierra la tapa, pégala con cinta y coloca la caja en una ventana donde haya Sol. Cada cierto número de días abre la caja para regar la planta. El resto del tiempo la tapa deberá estar cerrada. Con el tiempo, tu frijol deberá encontrar el camino dentro del laberinto.

GLOSARIO

cosechan: Que recogen o recolectan comida.

dióxido de carbono: Un gas incoloro hecho de carbón y oxígeno.

larvas: Insectos en etapas de crecimiento tempranas que con frecuencia parecen orugas o gusanos.

perciben: Que sienten algo a su alrededor.

polen: Granos diminutos parecidos al polvo, usualmente amarillos, producidos por las anteras de las flores.

puntos de referencia: Cosas en el entorno que pueden ser vistas desde lejos.

pupas: Insectos en la última etapa de crecimiento antes de convertirse en adultos, protegidos por capullos o carcasas.

zarcillos: Los tallos delgados y usualmente sinuosos de una planta trepadora que se adhiere a una cerca, pared o a otra planta.

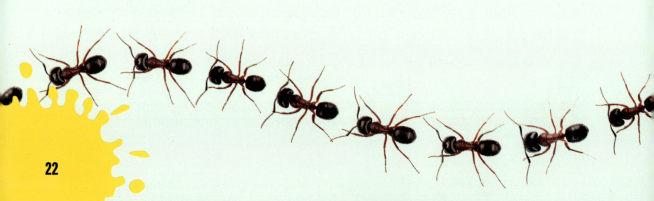

ÍNDICE ALFABÉTICO

agua: 6, 7, 8, 10, 14, 16, 20
clorofila: 7, 8
colonia: 13
comida: 6, 7, 8, 9, 12, 15, 19, 20
crecen(rán, iendo, r): 5, 6, 11, 13, 14, 15, 16
hojas: 5, 8, 15, 17, 18, 20
obreras: 12
semillas: 9, 13, 14, 15, 16

PREGUNTAS RELACIONADAS CON EL CONTENIDO

1. ¿Qué partes de la planta perciben la luz?
2. Menciona tres trabajos que hacen las hormigas obreras.
3. ¿Qué necesitan las plantas para producir comida?
4. ¿Cómo defienden su hormiguero de los invasores las hormigas?
5. ¿Por qué las hormigas necesitan ser fuertes?

ACTIVIDAD DE EXTENSIÓN

Las plantas y los animales se parecen de muchas maneras. ¿Qué tienes en común tú con ellas? Haz un cartel que mencione las maneras en las que la gente, las plantas y los animales se parecen. ¿En cuántas cosas pensaste?

ACERCA DE LA AUTORA

Sue Heavenrich era maestra de Ciencias. Ahora escribe artículos de revistas y libros para niños. En alguna ocasión, Sue pasó un mes completo siguiendo a un grupo de hormigas cosechadoras intentando intercambiar semillas con ellas. Ahora pasa sus veranos ocupándose de las plantas de su jardín y siguiendo a todo tipo de insectos.

© 2023 Rourke Educational Media

All rights reserved. No part of this book may be reproduced or utilized in any form or by any means, electronic or mechanical including photocopying, recording, or by any information storage and retrieval system without permission in writing from the publisher.

www.rourkebooks.com

PHOTO CREDITS: cover and title page: ©Adisak Mitrprayoon; table of contents: ©Emine Bayram (leaves), ©DieterMeyrl (ants); p.4: ©rusm; p.5: ©Valentin Russanov; p.6: ©2017 Kevin Wells; p.7: ©bilhagolan; p.8: ©Olena Chernenko, Nancy Nehring (inset); p.9: ©Wel_nofri, AzriSuratmin (inset); p.10: ©Robin_Hoood; p.11: ©Henrik Larsson (inset), ©GlobalIP; p.12: ©tuksaporn, ©By Tomatito; p.13: ©By Pavel Krasensky, ©imv (inset); p.14: ©Sudowoodo; p.14-15: ©papen saenkutrueang, Jerry Willis (inset); p.16: ©BrianAJackson, ©Bret-Barton, ©Alphotographic, ©yanikap; p.17: ©Paonya; p.18: ©Roger Whiteway 2017; p.19: ©&#169 Phil Baker; p.20: ©Smileus; p.22: ©DieterMeyrl (ants)

Editado por: Laura Malay
Diseño de la tapa e interior: Rhea Magaro-Wallace
Traducción: Pablo de la Vega

Library of Congress PCN Data

¿Las hormigas son como las plantas? / Sue Heavenrich
(Súper ciencias)
  ISBN 978-1-73165-476-2 (hard cover)
  ISBN 978-1-73165-527-1 (soft cover)
  ISBN 978-1-73165-560-8 (e-book)
  ISBN 978-1-73165-593-6 (e-pub)
Library of Congress Control Number: 2022940991

Rourke Educational Media
Printed in the United States of America
01-0372311937